AF296410

OBSERVATIONS

SUR L'ÉLECTION

D'UN PRÉTENDU DÉPUTÉ DE LA VILLE DE METZ AUX ÉTATS-GÉNÉRAUX.

Par M. ROEDERER,

Conseiller au Parlement de Metz, de la Société Royale des Sciences & Arts de la même ville.

Le 23 Avril 1789.

OBSERVATIONS

SUR L'ÉLECTION

D'UN PRÉTENDU DÉPUTÉ DE LA VILLE DE METZ AUX ÉTATS-GÉNÉRAUX.

LE règlement du 7 février dernier, qui convoque des députés des Trois-Evêchés aux états-généraux, avait traité Metz, comme le règlement général du 24 janvier a traité toutes les villes du royaume.

L'adminiftration avait conftaté le nombre de perfonnes du tiers qui habitent la cité, elle l'avait comparé au nombre des habitans de la campagne du bailliage de Metz; elle avait donné aux uns & aux autres un nombre proportionnel de députés pour réduire leurs cahiers, & élire des *députés - électeurs*, ou, en d'autres termes, des *députés à charge de réduction*.

Le règlement du 7 février s'était exécuté, les *députés aux cahiers & à l'élection* avaient été nommés par les diverfes corporations de Metz, ils s'étaient réunis à ceux des campagnes, ils avaient réduit enfemble leurs cahiers, & nommé leurs *députés à charge de réduction*.

Les habitans de la campagne qui pouvaient faire tomber fur eux-mêmes la pluralité des fuffrages, avaient eu le bon efprit de voir que, pour traiter avec le gouvernement, avec deux ordres puiffans & éclairés, des affaires compliquées & difficiles, il faut de l'inftruction & quelquefois de l'art. Sur huit députés, à charge de réduction, que le bailliage de Metz avait à nommer, quatre avaient été pris dans des habitans de la ville.

Ainfi la ville de Metz avait confommé fon droit ; elle l'avait exercé à la vérité en commun avec les habitans de la campagne; elle avait peut-être couru le rifque de fe voir privée de députés aux états : mais enfin le réfultat de l'élection était fatisfaifant pour elle.

Il était très-probable que dans la réduction à quatre, qui devait s'opérer entre les huit députés du tiers-état du bailliage de Metz, & ceux des autres bailliages unis par le règlement, Metz aurait deux députés (& l'événement a fuivi cette probabilité), Metz n'avait donc qu'à fe féliciter du paffé.

Metz fe félicitait en effet. Aucun officier municipal n'était élu. Cependant tous partageaient extraordinairement la commune joie.

Tout - à - coup ils réfolurent même de l'augmenter; voici ce qui leur en fournit le moyen.

L'adminiftration avait oublié que Metz a été jadis ville impériale. Dès l'année dernière les officiers municipaux l'en avaient fait reffouvenir; ils avaient démandé une députation directe pour la ville ou pour eux; ils n'avaient pu l'obtenir. Pour moi je ne vois pas comment le droit qu'on a eu d'envoyer autrefois, comme état fouverain, des députés aux diétes de l'Empire, donne le droit d'envoyer des députés particuliers aux états-généraux d'une nation dont on fait maintenant partie; je ne vois dans un même état aucun motif de prédilection pour les habitans d'une ville fur les habitans des campagnes; je crois que tous vivent de fervices réciproques, que tous font des hommes, des frères; mais je confeffe que je ne parle de cela que d'après les principes du bon fens, & fans doute, avec un peu d'érudition, je verrais bien clairement qu'il eft fort utile & fort décent qu'une ville qui a été impériale, n'élife pas confufément avec les campagnes qui la nourriffent, fes députés aux états-généraux. Quoi qu'il en foit, la ville de Metz étant déja affurée de fa députation, c'était certainement un accroiffement de faveur pour elle,

que la faculté de nommer encore un député direct. En
conféquence meſſieurs les officiers municipaux renou-
vellèrent leurs inſtances près de l'adminiſtration pour
obtenir une députation directe; ils l'obtinrent ! Il était
bien vrai que cette faveur donnait à la ville de Metz
trop d'avantage ſur les campagnes, qui d'elles - mêmes
avaient ſacrifié à la ville tous ceux qui leur étaient
acquis. Il n'eſt pas moins certain qu'elle bleſſait les pro-
portions que le roi avait établies à Metz, comme dans
tout le royaume entre les deux premiers ordres & le
tiers. Perſonne ne pouvait ſe diſſimuler ces vérités; mais
après tout, c'était une grace qu'on obtenait, il faut
bien que les graces coûtent toujours à quelqu'un; elles
ne ſont jamais qu'une juſtice pour ceux qui les ob-
tiennent ..... & les officiers municipaux félicitèrent leurs
concitoyens d'avoir obtenu un député de plus. Tous
les vrais Meſſins furent tranſportés de joie & pénétrés
de reconnoiſſance pour la nouvelle preuve de zèle que
les officiers municipaux venaient de donner à la patrie.

Le règlement qui a comblé le vœu général, a été arrêté
au conſeil le 6 de ce mois. Expédié le 7, il eſt arrivé
le 9 aux officiers municipaux.

Quelles ſont les formalités preſcrites par ce règlement
pour aſſurer l'exécution de ſa principale diſpoſition ? le
voici. *Sa Majeſté*, ce ſont les termes du règlement même,
ordonne que ... l'ordre du tiers de ladite ville (de Metz)
*ſera de nouveau convoqué & aſſemblé pardevant les officiers
municipaux, DE LA MÊME MANIÈRE QU'IL EN A ÉTÉ
USÉ, POUR L'EXÉCUTION, DANS CETTE PARTIE, DES
RÈGLEMENS DES 24 JANVIER ET 7 FÉVRIER DER-
NIERS; pour procéder dans ladite aſſemblée à la rédaction
d'un cahier relatif aux intérêts particuliers de la ville, & de
ſuite à l'élection d'un député, &c.*

Voyons donc *de quelle manière il en a été uſé pour l'exé-*

cution des réglemens des 24 janvier & 7 février derniers,
relativement à la convocation & assemblée du tiers.

Les formalités preſcrites par les règlemens des 24 janvier & 7 février, étaient de convoquer le tiers-état par corporations ; de n'appeller dans les paroiſſes que les citoyens étrangers à toute corporation ; d'avertir chaque aſſemblée de corps & de paroiſſe, de nommer dans une proportion déterminée des députés, pour rédiger enſemble le cahier de la ville, & élire les députés qui devaient enſuite ſe réduire avec ceux des campagnes du bailliage.

Le mois paſſé ces formalités avaient été ſuivies dans tout le royaume, dans toutes les villes de cette province, dans Metz même. C'était donc là ce que le règlement du 6 preſcrivait de faire encore une fois, pour la nouvelle députation.

Les officiers municipaux chargés de faire exécuter ce règlement, le font afficher le 13 de ce mois, avec une ordonnance particulière de leur tribunal.

Que porte cette ordonnance ?

Qu'à tel jour, à telle heure, chaque corporation s'aſſemblera pour nommer des députés ! Que le règlement du conſeil du roi ſera exécuté ?

Non. Meſſieurs du bureau municipal ordonnent que le règlement du conſeil du roi ne ſera point exécuté ; que les corporations ne ſeront point aſſemblées ; que les citoyens ſe réuniront confuſément dans les paroiſſes le lendemain 14 à ſept heures du matin.

Ainſi le 13 de ce mois, trente mille perſonnes peuvent lire dans trente carrefours de Metz, un décret de meſſieurs Bourgeois, Lalance, & autres, qui réforme un arrêt du conſeil d'état du roi.

A la vue du placard, chacun s'étonne ; chacun ſe récrie ; on ſoupçonne des vues ſecrettes aux of-

ficiers municipaux ; on commence à croire que leurs sol-
licitations près du ministère n'ont pas été aussi désinté-
ressées qu'elles l'avaient paru ! C'est sans doute commet-
tre une grande & notable injustice que de concevoir &
de répandre de semblables idées, mais on la commet.

Le 14 les citoyens se rendent dans les paroisses,
la plupart veulent y protester. Des officiers municipaux y présixdent, ils rebutent les protestations. Les
corporations s'assemblent, elles protestent ; les honnêtes gens qui ne font d'aucun corps, s'entendent sans
s'être parlé, tous réclament ; la plupart des assemblées
de paroisse se dispersent ; mais dans quelques autres il
reste autour de l'échevin un petit nombre de personnes dévouées ou mal instruites ; c'est-là la ressource de la municipalité ; là l'échevin, sans se décon-
certer, fait gravement élire, par quatre ou cinq personnes, des députés de paroisses ; & cependant des
huissiers signifient au sindic de la ville les protestations
des corps.

Suivant l'ordonnance de la municipalité, les députés
des paroisses devaient se rendre à deux heures après-
midi le même jour 14 à l'hôtel-de-ville. Les prétendus députés, élus le matin, s'y rendent en effet à
l'heure marquée. Dans l'assemblée générale de la commune qui avait eu lieu le mois précédent, il s'était
trouvé 132 députés, tant des corporations que des paroisses : à l'assemblée du 14, qui devait être formée de
même pour procéder de même, il ne s'en trouve que
36 ; & que font ces 36 ? la plupart avaient fait leurs
réflexions, ils refusent de travailler au cahier, d'assister
à l'élection.

Alors nouvelle scène, nouvel incident. m. le sindic
tire de son porte-feuille une décision qu'il dit être de
m. le garde-des-sceaux, & par laquelle la municipalité

eſt autoriſée, dit-il, à raſſembler le tiers par paroiſſes &
non par corporations. Il en requiert la lecture & l'enregiſ-
trement : le bureau municipal ordonne l'une & l'autre.
Vainement on lui obſerve qu'il n'eſt plus tems de faire
connoître cette déciſion ; qu'il fallait la notifier dans les
paroiſſes ; que telle perſonne qui s'était retirée ſans prendre part à l'élection, parce qu'elle la regardait comme
contraire au vœu du roi, aurait pu demeurer & concourir à cette élection, ſi elle eût ſçu que le chef de
la juſtice, ſans doute autoriſé par ſa majeſté, avait fait
connaître que l'on pouvait s'écarter du règlement. Fina-
lement, les uns proteſtent, les autres ſe retirent ; l'aſſemblée de la commune ſe trouve réduite à vingt-deux
perſonnes, & ce ſont ces vingt-deux perſonnes, dé-
ſavouées par trente mille autres, qui vont, au bruit
des proteſtations & des déſaveux, exercer la noble prérogative qui doit retracer à la cité ſon antique & mag-
nifique caractère de ville libre & impériale.

Déja les officiers municipaux & leurs vingt-deux
affidés travaillent au cahier des doléances & des réclamations des habitans. Les habitans ont beau leur dire
inceſſamment dans des actes juridiques, eh ! meſſieurs,
nos réclamations les plus preſſantes ſont contre le mépris que vous faites de nos droits & d'un règlement du
conſeil : notre plus poignant objet de doléance, eſt de
nous voir ainſi traités par nos concitoyens ; par nos
frères ! Les officiers municipaux ſourds & impaſſibles
ſuivent leur plan, & ils rediſent dans un cahier nouveau ce qu'ils ont déja dit dans le cahier du bailliage
de Metz ; ils traitent véritablement Metz en ville impériale.

Le cahier eſt rédigé ; le député eſt élu.

C'eſt m. Maujean.

C'eſt le préſident de l'aſſemblée où il a été élu.

C'eſt le chef du tribunal qui a rendu une ordonnance contre le règlement du conſeil.

C'eſt ce magiſtrat qu'une lettre de cachet retient depuis ſi long-tems dans la première magiſtrature populaire de Metz, malgré les ſacrifices auxquels chacun ſait qu'il a *contribué* lui-même *avant de l'occuper*, pour faire reſtituer aux Meſſins le droit d'y élire, dont une loi fiſcale les avait privés.

C'eſt le chef de la municipalité; de cette municipalité ſi monſtrueuſement conſtituée; de cette municipalité où ſe réuniſſent & ſe confondent tant de pouvoirs néceſſaires en eux-mêmes, mais dangereux dès qu'ils ceſſent de ſe ſurveiller & de ſe contenir; de cette municipalité dont les charges repoſent ſur les mêmes perſonnes avec d'autres encore plus importantes, & par là même incompatibles; où par conſéquent la pluralité des emplois publics, bien plus ſcandaleuſe ſans doute que celle des bénéfices, fortifie un pouvoir déja exceſſif par une ſorte d'alliance avec d'autres corps très-puiſſans par eux-mêmes; de cette municipalité enfin ſi dépendante ſous d'autres rapports d'une autorité toute militaire, par qui elle laiſſe occuper les premières avenues de la juſtice, mais qui ſe ſervant des dépoſitaires de cette autorité pour perpétuer les emplois ſur les mêmes têtes, empruntant d'ailleurs de ſes liaiſons avec eux un aſcendant plus efficace ſouvent qu'un pouvoir déterminé, tire encore de ſa dépendance même un grand accroiſſement d'empire.

Le choix de m. Maujean eſt ſans doute un choix heureux pour la ville de Metz; elle doit compter ſans doute ſur les efforts de ſa vertu, & ſur la puiſſance de ſon talent, pour faire ceſſer des abus qu'il a vus de ſi près & ſi long-tems.

Pour moi j'ai en lui une confiance entière. Mais il me ſemble que la forme de ſon élection n'eſt ni légale, ni légitime, ni honnête, ni digne de lui ; & je vais tâcher de le prouver.

Cherchons d'abord si, pour l'élection d'un député & la rédaction d'un cahier, il ne convient pas que les citoyens soient assemblés par corporations plutôt que par paroisses.

L'intérêt des bons principes dans une matière toute nouvelle, l'honneur du règlement du conseil, demandent qu'on examine cette première question, dont la solution est d'ailleurs nécessaire pour asseoir un jugement sur la conduite des officiers municipaux.

Quand nous avons été assurés, il y a quelques mois, qu'enfin des états - généraux allaient être convoqués, quand nous avons appris que le tiers-état serait assemblé pour nommer des députés-électeurs & rédiger des cahiers, quels vœux avons-nous formés intérieurement au sujet de ses assemblées ?

Nous avons tous desiré qu'elles soient courtes & paisibles ; courtes, afin qu'elles ne coûtent pas trop de tems aux dernières conditions du peuple, qu'elles ne suspendent pas les travaux de la société, qu'aucun levain de sédition n'ait le tems de fermenter, qu'aucun principe contagieux n'ait le tems de se répandre ; paisibles, afin de ne pas allumer des guerres éternelles entre les individus & les familles, afin de ne pas éloigner les gens sages & les esprits modérés des discussions publiques, afin d'épargner à tous une agitation pénible, & de prévenir dans quelques-uns l'éveil de passions turbulentes & farouches.

Nous avons tous desiré que chaque classe du tiers-état participe également au droit de nommer le défenseur de ses intérêts ; que chaque classe puisse consigner

au

au moins quelques lignes relatives à ses droits, dans les cahiers où seront déposées les demandes communes; que les représentans des dernières conditions puissent parler sans contrainte, devant les autres.

Nous avons desiré enfin que l'intrigue, l'éloquence prestigieuse, les avantages du rang, de la naissance, de la fortune, du pouvoir, les liens du sang, de l'amitié, du voisinage, n'influent point sur la nomination des députés; que le mérite seul détermine les suffrages.

Voilà, je crois, ce que tous les hommes honnêtes & sensés ont au moins confusément souhaité. Eh bien, assemblez les habitans du tiers par paroisses, vous verrez arriver tout le contraire; assemblez-les par corporations, vous obtiendrez tous ces avantages.

Une assemblée de paroisses ne peut guère être composée de moins de 500 personnes, & peut l'être de 800 ou 1000; voilà un point d'où il faut partir.

Qu'il s'agisse de nommer deux députés sur cent têtes, comme l'ont déterminé tous les règlemens relatifs aux états-généraux actuels, une paroisse de 800 personnes aura donc 16 députés à nommer, &, par conséquent, il y aura 12,800 suffrages à donner & à écrire successivement. Quelqu'ordre, quelque ponctualité que l'on suppose dans cette opération, il faudra y employer au moins cinq ou six jours. Or, ce tems sera bien regrettable, puisqu'il n'aura servi qu'à une opération purement mécanique & préliminaire.

Une assemblée de 800 personnes est nécessairement tumultueuse, sur-tout quand elle se forme pour la première fois. Au moindre incident, tout le monde y parle en même tems, on crie, on s'assourdit. Il faut au président ou à l'orateur une voix de tonnerre pour demander silence, & cent explosions pour l'obtenir; il ne faut qu'un mouvement inquiet, qu'un mot équivoque pour que le bruit recommence, & que l'opération soit suspendue. Là, l'agitation des discours communique nécessairement aux esprits une chaleur dangereuse. Elle dispose les citoyens à des mouvemens désordonnés, à des offenses, à des haines, à des ressentimens. Il suffit qu'elle existe une fois, pour qu'à la suite les hommes d'un caractère doux & tranquille, s'absentent des assemblées, & qu'ainsi leurs suffrages soient perdus pour une élection raisonnable.

Dans une pareille assemblée, il serait véritablement absurde de tenter la rédaction d'un cahier. Ainsi les dernières classes du peuple, ne peuvent avoir l'espérance de faire porter leurs doléances dans l'assemblée de la commune.

D'un autre côté, dans une assemblée paroissiale, les suffrages doivent naturellement se porter sur un seul ordre d'habitans, sur le plus élevé. Ce n'est pour ainsi dire qu'à la cime du tiers-état que se trouvent quelques personnes généralement connues de nom & de réputation ; jamais la pluralité des suffrages d'une paroisse ne tombera sur un plébéien obscur, sur un simple artisan ; la pluralité ne sait pas qu'il existe. Ainsi la méthode des élections par paroisses qui prive les dernières classes du peuple de la faculté d'exposer par écrit, à l'assemblée de la commune, leurs plaintes ou leurs réclamations, les prive encore du moyen de les y faire entendre, par un représentant particulier. Ainsi le cahier général de la cité ne sera pas le tableau fidèle & complet des droits, des besoins, des malheurs du peuple ; & peut-être ne sera-t-il au contraire qu'une nouvelle ressource d'oppression pour les riches & les puissans !

Quand il serait possible dans une assemblée paroissiale de rédiger un cahier élémentaire, quel avantage l'homme des dernières conditions retirerait-il de la faculté d'y concourir? Ses observations mal énoncées feront-elles écoutées fans dédain par les gens d'une claffe fupérieure avec qui il fe trouvera ; fes plaintes mal exprimées n'exciteront-elles pas la rifée? ne faudra-t-il pas peut-être qu'il s'eftime heureux fi fes plaintes, fi fes obfervations n'offenfent perfonne , & n'attirent fur lui, ni menaces, ni outrages? Suppofez qu'à défaut de cahiers où le pauvre configne fes plaintes, il puiffe avoir dans l'affemblée de la commune des députés tirés de fes pairs, les mêmes dangers n'y attendent-ils pas ces députés qui, certainement, n'y feront pas le grand nombre ?

Mais quel député de paroiffe ofera s'exprimer avec énergie, ou feulement avec franchife, dans une affemblée de la commune ? il n'aura reçu d'aucun de fes concitoyens, ni inftructions qui mettent fa confcience en fûreté, ni pouvoirs qui foient garans de leur appui, ni impulfion qui lui défende toute héfitation, toute incertitude. Il fera néceffairement timide & réfervé.

Il y a toujours du danger à combattre les abus ; les attaquer feul, & fans appui, c'eft fe hazarder, c'eft pis encore, c'eft rifquer de les affermir : car les abus ne font jamais plus affurés que quand les efforts du patriotifme ont échoué devant eux. Suppofons que dans une ville confidérable la plupart des maux qui affligent le peuple, proviennent du régime municipal, comment un député de paroiffe, ifolé, fans mandat de fon corps, fans aveu de perfonne, ofera-t-il élever la voix contre ce régime dans une affemblée de la commune, préfidée par les officiers municipaux ? S'il le faifait, ferait-il fûr que les abus dont il fe plaindrait, ne trouvaffent point de défenfeurs dans les chefs de l'affemblée ? ferait-il fûr que, par un artifice ordinaire aux gens vivant d'abus, ils n'imputeraient pas à injures contre les perfonnes, le mal qu'on dirait des chofes dont ils profitent? ferait-il sûr qu'ils ne s'emporteroient pas jufqu'à févir contre lui? Comme fi la puiffance des places était quelque chofe devant un citoyen qui parle dans une affemblée de fon ordre; comme s'il était alors foumis à une autre cenfure que celle de fon ordre même, & que tout ne fût pas foumis à la fienne. Serait-il fûr enfin de ne pas être immolé à l'abus même, de ne pas être une victime donnée en exemple à ceux qui voudraient de nouveau le terraffer? Non fans doute. Eh bien, lui confeilleriez-vous de braver tant de dangers, & de fe dévouer en martyr de la chofe commune? Je ne le préfume pas.

Répétons-le donc encore une fois, un député de paroiffe eft condamné à des ménagemens, je dirais prefque à des refpects, pour un grand nombre de défordres; il eft contraint de fe préfenter courbé devant des abus qu'il devrait frapper (*); il ne lui eft libre de parler que de ceux qui font loin de lui, qui font vus de tout le monde, & fur lefquels la cenfure publique s'eft exercée depuis long-tems.

Les affemblées par paroiffes n'ont pas feulement le défaut de prendre trop de tems, de favorifer la partie

______

(*) Je fais bien que tous les abus particuliers ne doivent pas être déférés aux états-géneraux. Mais je fais auffi que tous réfultent du mépris ou de l'oubli où eft tombée quelque maxime générale, & qu'en les expofant en détail dans l'affemblée de la commune, on peut y faire fentir la néceffité de rechercher & de réclamer cette maxime. D'ailleurs il ne faut pas croire qu'on ne doive attendre de bien que des travaux des états-généraux. Les affemblées des provinces, des bailliages, des villes doivent produire par elles-mêmes de très-grands avantages fi elles font tenues dans des formes convenables : elles doivent fervir à former l'efprit public, à fixer l'opinion fur une foule d'objets dont l'opinion peut faire juftice fans fecours étranger; il importe donc que dans ces affemblées préliminaires tous les abus locaux puiffent être cités & mis à découvert.

fupérieure du tiers-état plus que la partie inférieure, de gêner, d'affaiblir la liberté de toutes deux, pour des opérations dont la liberté eft l'effence; elles ont encore le défaut de favorifer de mauvais choix pour la députation à l'affemblée de la commune.

Une affemblée de paroiffe donne d'abord aux liaifons de parenté, d'amitié & de voifinage une influence confidérable fur les élections, & cette influence, quelle qu'elle foit, eft toujours contraire aux droits du mérite, à l'intérêt général.

Les liaifons du voifinage qui paroiffent peu dignes d'attention, le font beaucoup. On dit qu'à Metz il y a deux partis dominans dans le tiers - état, & on les défigne par le nom des quartiers qu'habitent non-feulement leurs chefs, mais auffi les adhérens de leurs chefs. Le voifinage n'eft donc pas une relation indifférente. A Metz donc, en affemblant par paroiffes, on eft fûr d'affembler au moins deux partis.

Mais les liaifons de voifinage, de parenté, d'amitié, ne font pas les plus à craindre. Ce font les divers genres de fupériorité d'une partie du tiers-état fur l'autre, & de quelques-uns fur prefque tous.

Les 1000 ou 800 perfonnes qui forment une affemblée de paroiffe, font prefque toutes de condition inégale, prefque toutes fubalternées les unes aux autres, prefque toutes dépendantes d'un petit nombre. Là, le marchand eft à côté du confommateur, l'ouvrier près de fa pratique, le client près du procureur, le débiteur près du créancier, le plaideur près du juge, le fergent de ville près de l'officier municipal. Là, les fils font fous les yeux des peres, les pauvres fous les yeux des riches, les fubordonnés fous les yeux des hommes en place.

Suppofez au milieu de cette affemblée un ambitieux

riche, revêtu d'une place importante, chef d'une nom-
breuse famille où il y aura auſſi quelques hommes conſi-
dérables par des charges & de la fortune; tout l'avantage eſt à cet homme. Il lui ſuffit de gagner quinze,
vingt perſonnes; celles-là ſe chargeront du reſte. Tout-
à-l'heure tous les ſuffrages s'arrangeront comme par
étages autour de l'orgueilleux candidat. La crainte des
vengeances ou l'eſpoir des faveurs, vont tout attirer à
lui. Le mérite modeſte, véritable reſſource de la patrie,
ſera oublié, délaiſſé.

Je ne parle ici que des moyens de ſéduire ſans cor-
rompre, & d'acquérir des ſuffrages ſans en acheter à
prix d'argent. Si un jour les ſuffrages devaient devenir
vénaux parmi nous, aſſurément l'aſſemblée par paroiſſes
donnerait beau jeu à la richeſſe.

Au lieu d'un ambitieux puiſſant, placez dans la même
aſſemblée un factieux éloquent, il entraînera aux plus
grands écarts, ſe riant dédaigneuſement de l'homme à
talens ſages, & d'un caractère froid, qui voudra rete-
nir dans la règle. Plus les hommes réunis ſont nom-
breux, & plus les impreſſions ſe communiquent rapi-
dement & fortement; il ſemble que chacun agiſſe ſur
les autres, comme l'orateur agit ſur tous.

Suppoſez enfin, dans une cohue de paroiſſe, un intrigant ſans mérite, ſans conſidération, un intrigant qui
ne ſoit pas autre choſe; quel parti ne peut-il pas tirer
du déſordre, de la confuſion de l'aſſemblée, de l'op-
poſition des diverſes opinions, des divers intérêts qui s'y
rencontrent? Quelle facilité n'a-t-il pas pour y exciter
ſourdement des partis, pour les animer les uns contre
les autres, pour les fatiguer, les épuiſer par des com-
bats à outrance, & ſe faire enſuite auprès de tous
le mérite d'une conciliation qu'il aura rendue néceſſaire,
& pour laquelle il ſe ſera ménagé. Et ſi ſon artifice eſt

découvert, que lui importe ? de tant de gens, il n'en est pas un peut-être avec qui il soit forcé de vivre, pas un dont il se soucie.

Quand l'influence des liaisons, des autorités, des cabales ne corromprait pas le choix d'une assemblée tumultueuse, désordonnée, composée de citoyens d'inégale condition, il est un fait qui suffirait pour faire proscrire les assemblées par paroisses ; c'est que nul de ceux qui y assistent ne peut connaître tous les autres, ni en être connu. Une élection est un jugement porté entre toutes les personnes qui y ont droit. Or, peut-on les juger sans les connaître ? N'est-il pas de l'intérêt de tout le monde qu'un pareil jugement soit éclairé ? Le choix d'un député n'est - il pas un honneur pour celui sur qui il tombe, un acte de confiance de la part de celui qui le fait ? Et chaque citoyen qui concourt à une élection, n'est-il pas en droit de demander, quand il donne son suffrage, qu'on le mette à même de choisir entre des gens qu'il ait pu apprécier, & quand les autres votans donnent le leur, qu'on le place entre des gens devant qui il ait pu se faire connaître ?

Que les élections sont différentes lorsqu'elles se font par corporations !

D'abord elles coûtent fort peu de tems ; quelques heures suffisent pour les opérations qui, dans les paroisses, auraient coûté six ou huit jours (*).

Les assemblées de corps sont ordinairement paisibles,

(*) Rassemblez par corporations les 800 personnes qui composent une assemblée de paroisse, & qui, comme nous l'avons vu, auraient à donner 12,800 suffrages, pour faire les 16 députés qui leur sont accordés par le règlement, alors vous ferez, sans confusion & sans difficulté, en quinze ou vingt endroits en même-tems, à la même minute, ce que vous ne pourriez faire que successivement dans l'assemblée commune ; ainsi il est évident que vous employerez quinze ou vingt fois moins de tems pour la même chose.

parce qu'elles font peu nombreufes, parce que les perfonnes fe connoiffent, parce qu'elles ont des formes convenues pour délibérer, parce qu'elles exercent fur ellesmêmes une police févère. Si dans de pareilles affemblées il s'élève quelqu'agitation, ce font des mouvemens de petites maffes, dans de petits efpaces; des mouvemens peu dangereux & faciles à appaifer.

Les affemblées de corps permettent aux citoyens de toutes les conditions, de s'entretenir à leur manière des chofes publiques, d'en raifonner fuivant leur logique, d'en parler dans leur langage, de convenir entr'eux de quelques principes, & de fe pénétrer ainfi à leur aife, de quelque portion de l'efprit & des lumières publiques; elles affurent aux dernières claffes un député à l'affemblée de la commune; elles leur permettent de rédiger une efpèce de mandat pour inftruire ou enhardir ce député; elles les autorifent ainfi à efpérer que quelques lignes du cahier de la cité leur feront confacrées, ou du moins que leurs intérêts, leurs befoins les plus preffans feront déférés à l'autorité de la commune & de l'opinion publique; enfin elles garantiffent à tous que les vœux de toutes les parties de la nation ont foigneufement recueillis, & qu'un égal refpect eft porté aux droits de tous les hommes.

En affemblant par corporations, on fépare les cotteries, les familles, les habitans d'un même quartier; on empêche ces affections privées d'ufurper les droits du mérite.

En affemblant par corporations, on empêche les autorités d'attirer à elles des fuffrages que l'intérêt public follicite pour d'autres. Dans une affemblée de corps, tous ceux qui la compofent font indépendans les uns des autres, tous font au même rang dans la fociété & entr'eux. S'il en eft qui y confentent à reconnaître quelque fupériorité de fortune ou de naiffance dans un petit nombre de leurs confrères, ils ne fouffrent pas pour cela que jamais elle foit marquée; & dans les occafions où il s'agit de fe conférer

entre

entre eux quelqu'honneur ou quelque charge de con=
fiance, c'eſt l'eſtime ſeule qui les donne.

Dans une aſſemblée de corps, toujours peu nom=
breuſe, compoſée de gens qui ſe connaiſſent trop pour
ſe faire illuſion, les effets déſordonnés de l'éloquence
& des paſſions ſont impoſſibles.

Dans une aſſemblée de corps, l'intrigue n'a aucune
priſe; là, point de mêlée où un intrigant puiſſe échap-
per aux regards, point de grouppes où il puiſſe ma-
nœuvrer à l'inſçu d'un autre, point de ces conflits de
grandes factions qui ſe heurtent ſans s'unir, & qui,
après leur choc, laiſſent entr'elles des intervalles par
où l'homme ſouple, à mouvemens onduleux, ſort de
preſſe & ſe montre intact à tous les yeux, après avoir
remué, travaillé tous les partis; là, chaque homme
eſt toujours expoſé à tous les regards; là, ſa conte-
nance ferait vainement compoſée, & ſa marche tor-
tueuſe; là, ſont des juges redoutables qui ſont ſes pairs,
avec qui il eſt obligé de ſe retrouver habituellement,
& qui le puniraient par 50 ans de mépris de deux
heures de mauvaiſe conduite.

Enfin, les élections des corps ſont l'ouvrage de perſonnes qui, unies par les mêmes fonctions, ſe ſont
vues à l'œuvre, ſe ſont long-tems éprouvées; ces élections peuvent toujours être des actes de juſtice éclairée.

Tant d'avantages doivent, ſans doute, leur concilier
la préférence ſur les élections des paroiſſes.

Cela poſé, il me ſemble facile de prononcer entre
le règlement du conſeil & le règlement de l'hôtel-de-
ville.

C'était évidemment le premier, & non le ſecond,
qu'il était utile & convenable d'exécuter; c'était au
prince, non à l'aréopage de la municipalité qu'il im-

portait d'obéir ; ce font les protestations des citoyens qui font légitimes, c'est l'élection de m. Maujean qui est vicieuse. En fuppofant qu'à l'hôtel-de-ville appartint une autorité fupérieure à celle du prince , cette fois le prince avait en fa faveur l'autorité de la raifon & de la juftice, qui, ce femble, est fupérieure à celle de la municipalité.

Les officiers municipaux répondront-ils à ces obfervations, (fi tant est qu'elles aillent jufqu'à eux) comme ils ont répondu le 14, dans la prétendue affemblée des repréfentans de la commune, aux 36 députés des paroiffes ? Diront-ils qu'ils n'ont rien fait de leur chef ; que m. le garde-des-fceaux a tracé leur conduite par fa décifion ; que le chef de la magiftrature, qui a été leur guide, fera auffi leur appui; que c'est fon autorité, non la leur, qu'on attaque, & qu'on offenfe!....

S'ils répètaient encore ces difcours, je dirais : il n'est pas vrai que m. le garde-des-fceaux ait autorifé leur conduite, il est impoffible qu'il l'approuve.

M. le garde-des-fceaux a rendu une décifion ; je veux bien le croire : mais quelle est-elle ? Voilà ce que je voudrais voir.

On dit que cette décifion est mife en marge d'une queftion du bureau municipal. Elle ne peut donc s'expliquer que par la queftion : quelle est précifement cette queftion ?

Je fuis affez porté à croire, qu'on a demandé à m. le garde-des-fceaux, d'une manière vague, s'il fallait fuivre fervilement le règlement ou non, & que m. le garde-des-fceaux a répondu fimplement : il est

bon de le fuivre, mais on peut auffi s'en écarter, pourvu
que ce foit avec prudence & à bonnes fins. Suppofé
que tel ait été le langage de m. le garde-des-fçeaux, ce
langage fignifioit-il que les officiers municipaux pour-
roient changer le règlement arbitrairement & à leur gré?
Non; l'interprêter ainfi ferait fuppofer qu'on les laiffait
libres de faire une loi dans une matière où le roi n'a-
voit pas voulu ou pu la faire feul. Que fignifiait donc
la lettre de m. le garde-des-fceaux? le voici. Elle
reconnaiffait au corps des citoyens le droit de s'écarter
des règlemens, lorfque la grande pluralité, fuprême
arbitre de toutes les réfolutions publiques, aurait trouvé
convenable de le faire, & que les officiers, chargés
de l'exécution de ces règlemens, n'auroient pas vu d'in-
convénient à y déroger.

Or, dans ce fens, les officiers municipaux ne pouvaient faire élire par paroiffes, qu'après que la pluralité des citoyens, affemblés par paroiffes, aurait con-
fenti à opérer ainfi, & non par corporations.
Il ferait bien contradictoire que le prince ou fes miniftres
diffent : *Les règlemens du confeil pour la convocation, ne feront
pas rigoureufement obligatoires,* & qu'ils ajoutaffent en même tems : *mais les règlemens des officiers municipaux le feront.*
Il eft très-fimple au contraire, & très-conforme aux principes, que le prince n'entendant pas donner à fes règlemens force de loi abfolue, il laiffe à la pluralité des
citoyens le droit de les modifier fuivant les convenan-
ces des tems & des lieux. En effet, les règlemens de
convocation font un acte éminent de légiflation. Or,
des officiers municipaux n'ont aucune part au pouvoir
légiflatif; au lieu que le corps des citoyens en a une
au moins égale à celle du prince. Le prince peut donc
vouloir tout ce qu'il lui plaît, fans que des officiers,
municipaux aient droit de le trouver mauvais. Il ne peut

donc, au contraire, ſtatuer ſur les choſes qui touchent à la liberté, à la propriété, à la conſtitution gardienne de l'une de l'autre, ſans l'acquieſcement du peuple qui, d'un autre côté, ne peut rien faire ſans le ſien.

Que l'on prouve que la queſtion propoſée à m. le garde-des-ſceaux a été nettement de ſavoir ſi, attendu les circonſtances, les officiers municipaux devaient aſſembler le tiers-état ſuivant le vœu du règlement, & que la réponſe a été un ordre poſitif d'y déroger; alors…. alors, certes, je ne baiſſerai point encore un front humilié; alors, au contraire, fier de me montrer aux yeux du chef de la magiſtrature, appuyé ſur des principes purs, ſur des principes qui ont toujours été les ſiens, qui lui ont concilié l'eſtime publique, je dirai avec un courage reſpectueux : la déciſion eſt dans une forme irrégulière, elle eſt contraire aux intérêts de la ville de Metz, elle eſt contraire aux droits de tous les citoyens ; il eſt par conſéquent évident qu'elle a été dérobée, qu'elle a été ſurpriſe ſur des expoſés faux & effrayans ; on aura alarmé le chef de la juſtice ſur les diſpoſitions des corps; on aura ſuppoſé qu'ils étaient en diſcorde, que les précédentes élections avaient entraîné des querelles ſanglantes ; enfin, on aura fabriqué vingt menſonges, pour en conclure qu'il était néceſſaire de prévenir le déſordre dans les élections ſuivantes, & que le ſeul moyen d'y parvenir ſerait de changer les diſpoſitions du règlement, & d'aſſembler par paroiſſes.

Alors je dirai : les corporations avaient toutes procédé aux précédentes élections, avec ordre, tranquillité, harmonie (*). La notoriété publique en dépoſe ; & ſi les

---

(*) A la vérité il s'était élevé quelques débats entre deux conſeillers du roi, baigneurs-étuviſtes, dans la première aſſemblée de leur corps; & ce corps, dit-on, n'a pas unanimement blâmé la

corps avaient fait une fâcheufe expérience de la première manière d'élire, fi l'union de leurs membres avait été détruite, ils n'auraient fans doute pas réclamé tous contre les affemblées par paroiffes. Et j'ajouterai : dès qu'il n'y avait aucun fujet de redouter des malheurs auffi grands que l'infraction d'une règle fage & utile, tout ce qui a été ftatué contre cette règle, fous le prétexte d'une néceffité urgente, tombe de foi-même ; tout ce qui a été fait contre la règle eft nul ; & ceux qui ont induit à la franchir font auffi coupables dans leurs moyens que dans leurs motifs.

Alors enfin je demanderai aux officiers municipaux, qui peut avoir ainfi calomnié les premières élections de la cité ; qui peut avoir accumulé ainfi des imputations fauffes & injurieufes fur les citoyens ; qui peut avoir trompé m. le garde-des-fceaux ... finon les auteurs de l'écrit en marge duquel fe trouve la décifion de m. le garde-des-fceaux, finon le bureau municipal....

Mais, je le répète, qu'on me prouve avant tout que m. le garde-des-fceaux a donné un ordre pofitif de déroger au règlement ; car je ne le croirai que quand je l'aurai vu.

Les officiers municipaux veulent-ils que la décifion de m. le garde-des-fceaux foit pofitivement contraire au règlement, qu'elle n'ait point été furprife fur

---

conduite des confeillers-échevins de la municipalité au fujet de la feconde convocation. Mais cét exemple eft unique.

Suivant le mémoire des corporations, les officiers municipaux ont expofé auffi à m. le garde-des-fceaux, que le temps était trop court pour affembler les corps. Mais eft-il poffible qu'ils aient dit une chofe fi ridicule ; n'eft-il pas évident que la méthode d'élire par corporations, eft incomparablement plus expéditive que celle des affemblées paroiffiales ? Nous avons prouvé cela par un calcul fort fimple.

un faux expofé; veulent-ils que des circonftances ma-
jeures l'aient rendue néceffaire, & qu'elle puiffe avoir
plus d'autorité qu'un arrêt du confeil? j'admets cette
fuppofition. Mais qu'en réfultera - t - il en faveur de la
municipalité?

Dès que les officiers municipaux ont demandé une
décifion à m. le garde-des-fceaux, il eft clair d'abord qu'ils
ont cru ne pouvoir, fans cela, s'écarter du règlement,
& ils ont eu raifon au moins de penfer qu'ils ne le
pouvaient de leur chef. Mais s'ils ont eu cette opinion, les citoyens ont dû l'avoir de même; les citoyens n'étaient pas obligés de croire à une autorité
dont ils fe trouvent mal, plus d'étendue que ne lui
en attribuent ceux qui la poffèdent & qui s'en trouvent bien; ce que les échevins n'ont pas ofé penfer,
quoiqu'ils y trouvaffent, dit-on, leur intérêt; les citoyens n'ont pas dû le penfer, eux qui avaient un intérêt
tout contraire.

Dès que les officiers municipaux ont demandé une décifion à m. le garde-de-fceaux, il eft clair qu'ils l'ont regar-
dée comme fuffifante pour déroger au règlement; ils devaient donc préfumer que les citoyens penferaient de
même, & il y avait en effet quelque raifon de le croire.

Tout conduit donc à conclure que la municipalité
devait faire connaître cette décifion, la relater dans fon
ordonnance, en expofer les motifs. Si les citoyens
n'avaient pas jugé convenable de l'exécuter, ils auraient pu profiter du tems qui reftait encore pour réclamer; & fi le temps avait preffé, ils auraient demandé
un délai avec tant de force que le bureau municipal,
n'aurait pu le refufer, & ils feraient parvenus, fans
effort, à obtenir l'exécution du règlement : mais les
officiers municipaux, ni dans leur ordonnance, ni
dans les affemblées de paroiffes, ni avant, ni pendant,

ni après les élections, n'ont laissé soupçonner cette décision par personne. On a eu beau leur dire qu'on ne
croyait pouvoir désobéir au roi pour leur obéir à eux ;
ils n'ont jamais voulu faire entendre qu'ils avaient des
raisons de penser qu'on ne désobéirait pas au roi en
s'écartant du règlement, & que ce n'était pas de leur
seule autorité qu'ils y voulaient contraindre ; ils n'ont
laissé voir d'autre volonté que la leur, d'autre motif
de leur volonté, que leur volonté : or, tant que la
décision de m. le garde-des-sceaux était inconnue, les
citoyens ne devaient voir que le scandale d'un placard, au
bas duquel des échevins ordonnent, sans motifs, le contraire de ce que le prince a ordonné en tête, par de
grandes considérations ; ils ne devaient voir que le scandale
de séances convoquées dans des églises pour consommer
une grande offense envers le monarque & la cité.

Ainsi les citoyens ont dû agir comme ils ont agi ;
ils ont dû s'absenter des paroisses, se rassembler en
corporations pour protester ; & ceux qui, ayant in-
considérément accepté de prétendues députations de
paroisses, se sont ravisés le lendemain, & ont pro-
testé contre leur élection même, ont aussi fait ce qui
convenait.

Mais si le silence que les officiers municipaux
ont gardé, sur la décision de m. le garde-des-
sceaux, a dû éloigner des assemblées de paroisses, les
citoyens honnêtes & éclairés, qui avaient droit d'élection & d'éligibilité : il est clair qu'une élection légitime
y est devenue impossible ; qu'il n'y a plus eu moyen
de constituer de véritables représentans de la commune,
pour rédiger des cahiers, & choisir le député ; qu'ainsi
il n'a pas pu être envoyé aux états-généraux de député
de la ville, mais seulement un député élu malgré la
ville, par quelques individus ligués contre la ville.

Cela posé, de quel œil faut-il considérer, & l'élection de m. Maujean, & celle des prétendus députés de paroiffes qui l'ont élu ? N'eft-il pas évident qu'elles font non-feulement nulles, mais auffi coupables, non - feulement qu'elles n'ont pu conférer aucun caractère de députés à ceux qu'elles ont défignés, mais qu'elles en ont fait des inftrumens d'ufurpation, & qu'elles font en elles-mêmes une fpoliation des droits acquis aux véritables électeurs ?

Eh ! après tout, quand les citoyens auraient réellement refufé, fans motif & par humeur, de procéder dans les formes prefcrites par les échevins, quelques particuliers pouvaient-ils s'arroger un droit accordé à la cité, un droit dont la pluralité ne voulait pas ufer ? Appartenait-il à 22 perfonnes de fe mettre en jouiffance d'un avantage accordé à 30,000 ? Etait-ce à quelques plébéiens de Metz que le roi avait offert la faveur d'un repréfentant direct entre des députés nationaux, dont chacun repréfente certainement plufieurs milliers d'individus? Magiftrats du peuple, n'était-il pas de votre devoir de déférer au vœu du peuple? Ce vœu n'était-il pas évidemment celui du prince? Et quoi qu'il en foit de votre devoir, pouviez-vous vous diffimuler qu'il n'était pas en votre pouvoir de faire que des députés, dont l'élection offenfait la cité, fuffent les repréfentans de la cité ?

Le public dit que l'oppofition du règlement municipal avec celui du confeil, que l'obftination des officiers municipaux à faire exécuter leur ordonnance fans daigner en donner les motifs, fans daigner raffurer les citoyens fur fa contrariété avec celle du roi, avaient eu pour dernier but de déjouer les citoyens ; que les échevins avaient pris à tâché de marquer fortement, & cette oppofition de leur ordonnance, & leur obftination à la faire exécuter, afin de révolter les efprits, d'écarter plus fûrement les citoyens des élections,

&

& par ce moyen d'en rendre la municipalité maîtresse avec quelques affidés : on dit, en un mot, que leur conduite a été un tour d'adresse. Faut-il croire cette imputation ? Non : loin de nous une pareille idée. L'habitude de la domination, l'ignorance ont seules égaré sans doute les officiers municipaux. Et quel tour d'adresse ce seroit que celui qui n'aurait produit qu'une élection nulle ! Quel succès que celui d'envoyer aux états, entre les élus de la confiance nationale, un citoyen contre l'élection de qui s'élèvent les cris qui pourſuivraient un proſcrit ?.... eſt-ce qu'il ofera s'y préſenter, eſt-ce qu'il y fera reçu ? eſt-il bien vrai qu'il ſoit parti ?.... Non ; les états - généraux ne voudront pas recevoir un député de 22 citoyens, élu contre le gré de 30,000 hommes libres, de 30,000 habitans d'une cité, qui, gardienne de l'état, aſſure la ſécurité commune aux dépens de la ſienne, aux dépens de ſa liberté qu'offenſe cette quadruple muraille dans laquelle ſes habitans ſont empriſonnés chaque ſoir ; d'une cité unie ſans doute à la couronne, mais qui va pour la première fois s'unir à la nation ; non les états-généraux ne voudront pas que le premier acte qui doit cimenter l'intime alliance de cette cité avec le reſte du royaume, ait pour témoin & pour coopérateur, le fauteur d'une grande offenſe envers elle, & d'une uſurpation manifeſte de la plus noble prérogative de ſes citoyens....

Je m'arrête. Je viens de vous dire, ô meſſins ! ce que je penſe de vos droits, de vous découvrir ce que j'ai reſſenti de l'injure qui vous a été faite ; c'eſt à vous d'agir maintenant. Vous avez deux voies ouvertes. Le conſeil du prince, qui mérite d'être auſſi celui du peuple, & les états-généraux..... Adreſſez-vous à tous deux ; allez-y avec cette confiance, cette ſainte & ſage hardiesse qui accompagnent si bien le sentiment des grandes iniquités : déja la justice gronde dans les consciences de ceux qui ont violé vos droits ; faites-vous entendre, elle achevera de vous venger.

Citoyens, on m'assure, en ce moment, que je cours des risques à manifester devant vous mes principes & mes sentimens ; que la vengeance m'attend ; que des persécutions..... Citoyens, je vous dénonce ces menaces, non pour demander votre assistance, je ne crains rien, mais pour vous offrir un nouveau motif de veiller à votre liberté.

F I N .